サイパー 国語 読解の特訓シリーズ　シリーズ二十四

敬語の特訓
・小学中学年以上向き・

もくじ

「敬語の特訓」について ────────── 2

このテキストのつかい方 ────────── 3

丁寧語 ─────────────────── 4

　問題一 ------------------------ 8

　問題二 ------------------------ 16

尊敬語と謙譲語 ─────────────── 24

　問題三 ------------------------ 28

　問題四 ------------------------ 42

尊敬の「れる」「られる」 ────────── 44

　問題五 ------------------------ 46

（解答のページは、各問題ページに指示してあります）

M.access　　　　　　　　　－1－　　　　　　　　敬語の特訓

「敬語の特訓」について

　「敬語の特訓」は、使い方の難しい敬語を、正しく覚えるためのテキストです。

　このテキストは、近年乱れが指摘されている日本語の中で、特に乱れの激しい「敬語」に焦点を絞りました。

　テレビやラジオでは、タレントはもちろん、言葉のプロであるはずのアナウンサーでさえ、正しい日本語が使えなくなってきています。こうして、本来国民全員のものであるはずの公共の電波にのって、偏った、誤った日本語が流されて続けています。それによって、どんどん子供たちの言葉遣いは乱れるばかりです。さらに、子供の時には正しい日本語を学んだ大人でさえ、恥ずかしいことに、テレビに汚染されて、誤った敬語や「ら抜き言葉」などを平気で話すようになっています。これが日本語の現状です。

　言葉は変化するものですが、それは千年、二千年の長い時の中でのゆるやかな変化です。現代のようにほんの五年、十年単位での日本全域での大きな変化は、かつてなかったことです。それは日本語の根幹を揺るがす大事であるにちがいありません。

　言葉は自然に変化してゆくものですが、だからといって現代のような急激な人為的な変化を許容してはいけません。良識のある大人は、正しい言葉を話し、そして子供たちに伝えてゆく使命を担っているのです。

　このテキストは、子供たちが少しでも正しい言葉を話せる一助になることを願って作られています。

このテキストのつかい方

このテキストは、敬語を正しく使えるようになるためのテキストです。楽しく学習することが目標ですので、自分のやりたい問題からといてかまいません。また、わからない問題をとしてもかまいません。国語辞典や学校の教科書などを調べて答えてもかまいません。どうしても分らない所は、答えを見てもかまいません。またお父さんやお母さん、お兄さん、お姉さん、学校の先生などにヒントをもらってもこにしょう。

自力で解けなかった問題は、必ず日をおいてもう一度解いてみましょう。解けない問題が多かった場合は、このテキストを最初から全部やり直すのも良いでしょう。

ではさっそく始めましょう。

丁寧語（ていねいご）　　　　　　　　　　　　年　　月　　日

■丁寧語（ていねいご）

「本です」「食べました」「美しゅうございます」などのように、「です」「ます」「ございます」を語尾につけたり、「お話」「ご理解」などのように、「お」「ご」を語の頭につけることによってていねいさや、やわらかい敬意（相手を敬う気持ち）を表現する言葉を「丁寧語（ていねいご）」といいます。

◆「です」「ます」

「…です」は「…だ」のていねいな形です。「…だ」と言えるものは「…です」という丁寧形が使えます。

　　だ→です　　　　だった→でした　　　　だろう→でしょう

* 「これは本だ」→「これは本です」
* 「花がきれいだ」→「花がきれいです」
* 「昨日は雨だった」→「昨日は雨でした」
　　　　　　　　　　　（「×雨だったです」）
* 「高原はさわやかだろう」→「高原はさわやかでしょう」

注　「美しいです」

「美しいです」など、「形容詞＋です」が近年大変よく使われています。「です」は形容詞につかない（「美しいだ」とはならない）ので、本来「形容詞＋です」（「美しいです」）は間違いです。また、過去・完了を表す助動詞「た」は接続しません（「楽しかっただ」とは言えない）。「だ」にも間違い「だ」は接続しないので、「楽しかったです」などは使わないように、「楽しかったです」は使わないように心がけましょう。さらに幼稚な印象を与えるのでは文法上誤用ですが、みなさんは使わないように心がけましょう。

丁寧語（ていねいご）

◆「ございます」

　「…ございます」は元は「…ある」「…いる」の丁寧形です。「…です」よりていねいな表現です。

＊「本だ」→「本である」→「本でございます」

＊「きれいだ」→「きれいである」
　　　　　　→「きれいでございます」

＊「美しい」→「美しくある」
　　　　　　→「美しゅう（美しく）ございます」

＊「走っている」→「走ってございます」

＊「明日か」→「明日であるか」
　　　　　　→「明日でございますか」

＊「私ではない」→「私ではありません」
　　　　　　　→「私ではございません」

丁寧語（ていねいご）

◆「お」「ご」

「お」「ご」は名詞（ものやようすの名前の言葉）の頭につけます。「お」は主に和語（もともと日本の言葉だったもの）につけ、「ご」は主に漢語（昔、中国から渡ってきた言葉）につけます。しかし例外がたくさんありますので、できるだけ覚えてしまいましょう。

＊「お名前」（名前は和語）
　「ご氏名」（氏名は漢語）

注　「お」「ご」をつけない言葉の例
1、外来語
「×おバス」「×おエアコン」「×ごピアノ」
　＊まちがいやすいもの
「×おビール」「×おトイレ」「×おソース」

2、動物
「×お犬」「×お猫」　＊例外「○お猿」

3、公共の機関
「×ご警察」「×お学校」　＊例外「○お役所」

4、固有名詞（人名や地名など）
「×お太郎」「×ご日本海」

5、その他
「○お寺」
「×お神社」

丁寧語（ていねいご）

注　「お」「ご」がつかないと意味をなさない言葉
　　「お」「ご」がつかないと読み方が変わる言葉

＊「御殿（ごてん）」→「×殿（てん）」

＊「おみおつけ（御御御付け）」→「×つけ」

＊「ご飯（ごはん）」
　　→「×飯（はん）」→「〇飯（めし）」

＊「お腹（おなか）」
　　→「×腹（なか）」→「〇腹（はら）」

問題一、1〜5

問題一、次の各文の最後に、それぞれ「です」「ます」「ございます」のいずれかの言葉をつけて、ていねいな形にしなさい。

例、今日はいい天気だ。
　　[　今日はいい天気です。　]

1、これは本だ。
　　[　　　　　　　　　　　　　　　　]

2、犬が走る。
　　[　　　　　　　　　　　　　　　　]

3、朝がさわやかだ。
　　[　　　　　　　　　　　　　　　　]

4、夜空が美しい。
　　[　　　　　　　　　　　　　　　　]

5、あれは何だ。
　　[　　　　　　　　　　　　　　　　]

(解答は14ページ)

問題1、6〜10

6、鳥がとんでいる。
[　　　　　　　　　　　　　　]

7、桜がきれいだろう。
[　　　　　　　　　　　　　　]

8、一人では寂しいだろうか。
[　　　　　　　　　　　　　　]

9、あれは流れ星だった。
[　　　　　　　　　　　　　　]

10、きっと合格するだろう。
[　　　　　　　　　　　　　　]

解答五、1〜10（解答は全て例です）

（「です」「ます」や時制は、問題に従う。）

1、笑う　　　　　　　　　［笑われる　　　　　　　　　］
2、勉強していません　　　［勉強されていません　　　　］
3、寝ません　　　　　　　［寝られません　　　　　　　］
4、作らなかった　　　　　［作られなかった　　　　　　］
5、立っていました　　　　［立たれていました　　　　　］
6、座ります　　　　　　　［座られます　　　　　　　　］
7、思いましたか　　　　　［思われましたか　　　　　　］
8、喜んでいましたか　　　［喜んでいられましたか］
　　　　　　　　　　　　　（おられ）
9、見ない　　　　　　　　［見られない　　　　　　　　］
10、読みませんでした　　　［読まれませんでした　　　　］

解答五、11〜20（解答は全て例です）

11、話していませんでした　［話しておられませんでした］
　　　　　　　　　　　　　（おられ）

12、走りますか　　　　　　［走られますか　　　　　　］

13、乗っていますか　　　　［乗られていますか　　　　］

14、食べるか　　　　　　　［食べられるか　　　　　　］

15、書いています　　　　　［書かれています　　　　　］

16、着きました　　　　　　［着かれました　　　　　　］

17、行ったか　　　　　　　［行かれたか　　　　　　　］

18、怒った　　　　　　　　［怒られた　　　　　　　　］

19、旅行したことがある　　［旅行されたことがある　　］

20、来ませんでした　　　　［来られませんでした　　　］

問題一、11〜15

11、その本はぼくのだ。
[   ]

12、花は咲いているか。
[   ]

13、祭りはにぎやかだろうか。
[   ]

14、あなたは楽しいか。
[   ]

15、足取りは軽やかだった。
[   ]

問題二、16〜20

16、海までは遠いのだろうか。
　　[　　　　　　　　　　]

17、川には魚が泳いでいたか。
　　[　　　　　　　　　　]

18、パーティーが華やかだ。
　　[　　　　　　　　　　]

19、あなたは中学生ではない。
　　[　　　　　　　　　　]

20、成功するまではつらかった。
　　[　　　　　　　　　　]

解答1´ 1〜5（解答は全て例です）

注　原則として「形容詞＋です」「だ＋です」は不正解としました。

1´ これは本だ。
　　［これは本です。
　　　これは本でございます。］

2´ 犬が走る。
　　［犬が走ります。
　　　犬が走っております。］

3´ 朝がさわやかだ。
　　［朝がさわやかです。
　　　朝がさわやかでございます。］

4´ 夜空が美しい。
　　［夜空が美しゅうございます。
　　　夜空が美しいのです。
　　　夜空が美しいことです。
　　（× 夜空が美しいです。）］

5´ あれは何だ。
　　［あれは何です（か）。
　　　あれは何でございます（か）。］

M.access　　　－14－　　　敬語の特訓

解答１．6～10（解答は全て例です）

6．鳥がとんでいる。
[鳥がとんでいます。]
[鳥がとんでございます。]

7．桜がきれいだろう。
[桜がきれいでしょう。]
[桜がきれいでございましょう。]

8．一人では寂しいだろうか。
[一人では寂しいでしょうか。]
[一人では寂しいことでしょうか。]
[一人では寂しゅうございますか。]

9．あれは流れ星だった。
[あれは流れ星でした。]
[あれは流れ星でございました。]

10．もっと合格するだろう。
[もっと合格するでしょう。]
[もっと合格するでございましょう。]

問題三、1～10　　　年　月　日

問題三、次の言葉に、それぞれ「お」「ご」のいずれかをつけて、ていねいな形にしなさい。また「お」「ご」のどちらもつけられないものには［×］を書きなさい。

例、本［ご本］　　電話［お電話］　　町［×］

1、車　　　［　　　　　　　］

2、犬　　　［　　　　　　　］

3、理解　　［　　　　　　　］

4、花　　　［　　　　　　　］

5、幸せ　　［　　　　　　　］

6、誕生　　［　　　　　　　］

7、誕生日　［　　　　　　　］

8、テレビ　［　　　　　　　］

9、消防署　［　　　　　　　］

10、机　　　［　　　　　　　］

（解答は22ページ）

問題三、11〜20

11、草花　［　　　　　　　　　　　］

12、相談　［　　　　　　　　　　　］

13、はきもの　［　　　　　　　　　　　］

14、扇風機　［　　　　　　　　　　　］

15、正月　［　　　　　　　　　　　］

16、指導　［　　　　　　　　　　　］

17、協力　［　　　　　　　　　　　］

18、書道　［　　　　　　　　　　　］

19、習字　［　　　　　　　　　　　］

20、食事　［　　　　　　　　　　　］

解答 11〜15（解答は全て例です）

11、その本はぼくのだ。

[その本はぼくのです。]
[その本はぼくのでございます。]

12、花は咲いているか。

[花は咲いていますか。]
[花は咲いてございますか。]

13、祭りはにぎやかだろうか。

[祭りはにぎやかでしょうか。]
[祭りはにぎやかでございましょうか。]

14、あなたは楽しいか。

[あなたは楽しゅうございますか。]
[あなたは楽しいのですか。]
[（×あなたは楽しいですか。）]

15、足取りは軽やかだった。

[足取りは軽やかでした。]
[足取りは軽やかでございました。]
[（×足取りは軽やかだったです。）]

M.access　　　－18－　　　敬語の特訓

解答１、16～20（解答は全て例です）

16、海までは遠いのだろうか。

[海までは遠いのでしょうか。]
[海までは遠う（遠く）ございますか。]

17、川には魚が泳いでいたか。

[川には魚が泳いでいましたか。]
[川には魚が泳いでございましたか。]

18、パーティーが華やかだ。

[パーティーが華やかです。]
[パーティーが華やかでございます。]

19、あなたは中学生ではない。

[あなたは中学生ではありません。]
[あなたは中学生ではございません。]
[（×あなたは中学生ではないです。）]

20、成功するまではつらかった。

[成功するまではつらうございました。]
[成功するまではつらかったのです。]
[（×成功するまではつらかったです。）]

問題三、21〜30

21、面会　［　　　　　　　　　　］

22、手紙　［　　　　　　　　　　］

23、ソース　［　　　　　　　　　　］

24、しょうゆ　［　　　　　　　　　　］

25、成長　［　　　　　　　　　　］

26、信濃川　［　　　　　　　　　　］

27、菓子　［　　　　　　　　　　］

28、体験　［　　　　　　　　　　］

29、茶　［　　　　　　　　　　］

30、本屋　［　　　　　　　　　　］

（解答は30ページ）

問題三、31〜40　　　　　　　　　年　月　日

31、ギター　　[　　　　　　　　　]

32、会談　　　[　　　　　　　　　]

33、階段　　　[　　　　　　　　　]

34、怪談　　　[　　　　　　　　　]

35、祭り　　　[　　　　　　　　　]

36、成功　　　[　　　　　　　　　]

37、箸（はし）[　　　　　　　　　]

38、橋　　　　[　　　　　　　　　]

39、実家　　　[　　　　　　　　　]

40、雑煮（ぞうに）[　　　　　　　]

（解答は31ページ）

解答三、1〜10（解答は全て例です）

1、車　　　[お車　　　　]
2、犬　　　[×　　　　　]
3、理解　　[ご理解　　　]
4、花　　　[お花　　　　]
5、幸せ　　[お幸せ　　　]
6、誕生　　[ご誕生　　　]
7、誕生日　[お誕生日　　]
8、テレビ　[×　　　　　]
9、消防署　[×　　　　　]
10、机　　　[お机　　　　]

解答 二、11～20（解答は全て例です）

11、草花　　　[×　　　　　]
12、相談　　　[ご相談　　　]
13、はきもの　[おはきもの　]
14、扇風機　　[×　　　　　]
15、正月　　　[お正月　　　]
16、指導　　　[ご指導　　　]
17、協力　　　[ご協力　　　]
18、書道　　　[×　　　　　]
19、習字　　　[お習字　　　]
20、食事　　　[お食事　　　]

M.access　　　　　　　　　敬語の特訓

尊敬語（そんけいご）と謙譲語（けんじょうご）　　　年　月　日

■尊敬語（そんけいご）

話す相手や目上の人など、尊敬する対象の人の動作について、その人を持ち上げ、尊敬の意を表す言葉です。

「（食事を）召し上がる」「（絵を）ご覧になる」など。

★必ず、持ち上げる相手や目上の人の動作につけます。

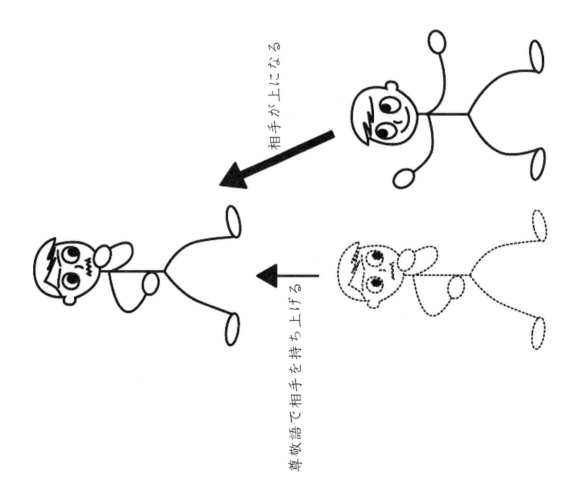

尊敬語（そんけいご）と謙譲語（けんじょうご）　　　　年　　月　　日

■謙譲語（けんじょうご）

自分や自分の家族、身内などの動作について、自分や身内を下げることによって、相対的に相手を持ち上げ、相手に尊敬の意を表す言葉です。謙遜語（けんそんご）とも言います。

「（食事を）頂く」「（絵を）拝見する」など。

★必ず、下げる方の自分や家族、身内の動作につけます。

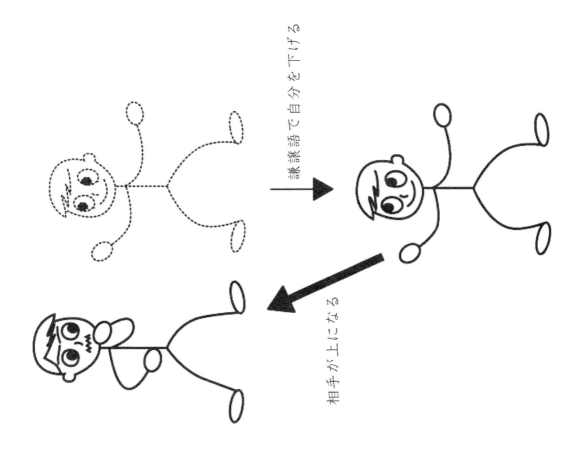

尊敬語（そんけいご）と謙譲語（けんじょうご）

★尊敬語、謙譲語の一覧表（例）

尊敬語	基本形	謙譲語
賜（たま）う おやりになる お与えになる	やる　与える	あげる　さしあげる
おもらいになる おうけとりになる	もらう	頂く 賜（たまわ）る
〜だされる	〜れる …して〜れる	
おなくなりになる お隠れになる	死ぬ	
おっしゃる	言う	申す　申し上げる
お話しになる	話す	申す　申し上げる
お聞きになる	聞く	お伺（うかが）う お伺いする 拝承（うけたまわ）る 拝聴する
ご覧になる	見る	拝見する
お読みになる	読む	拝読する
お召し上がる お召し上がりになる	食べる	頂く
なさる	する	いたす
…なさる お…あそばす	…する	…いたす …申し上げる　※

M.access　　　　　　　　敬語の特訓

尊敬語（そんけいご）と謙譲語（けんじょうご）　　　　年　　月　　日

尊敬語	基本形	謙譲語
お会いになる	会う	お目にかかる
いらっしゃる お見えになる お越しになる お出でになる	行く　来る	参る お伺（うかが）う お伺いする
お訪ねになる ご訪問なさる いらっしゃる	訪ねる　訪問する	参る お伺（うかが）う お伺いする お訪ねする
お尋ねになる	尋ねる　質問する	お伺（うかが）う お伺いする お尋ねする
いらっしゃる	いる	おる
召す お召しになる	着る	
おぼしめす お思いになる お考えになる	思う　考える	存ずる
お起きになる お目覚めになる	起きる	

※「する」の謙譲表現で「させて頂く」という言葉が、最近よく使われています。しかし、正確には「させて頂く」は「する」とは意味が異なりますし、「する」の謙譲語ではありません。何でもかんでも「…させて頂く」とするのは聞き苦しいので、できるだけ使わない方が良いでしょう。

敬語の特訓

問題三、1～5

問題三、次のそれぞれ言葉の尊敬語と謙譲語を書きなさい。
（ない場合は×印をつけなさい）

1、訪れる　　尊［　　　　　　　　　　　］
　　　　　　謙［　　　　　　　　　　　］

2、いる　　　尊［　　　　　　　　　　　］
　　　　　　謙［　　　　　　　　　　　］

3、会う　　　尊［　　　　　　　　　　　］
　　　　　　謙［　　　　　　　　　　　］

4、言う　　　尊［　　　　　　　　　　　］
　　　　　　謙［　　　　　　　　　　　］

5、くれる　　尊［　　　　　　　　　　　］
　　　　　　謙［　　　　　　　　　　　］

（解答は34ページ）

問題三、6〜10

6、やる　尊 [　　　　　　　　　　]
　　　　　謙 [　　　　　　　　　　]

7、行く　尊 [　　　　　　　　　　]
　　　　　謙 [　　　　　　　　　　]

8、考える　尊 [　　　　　　　　　　]
　　　　　　謙 [　　　　　　　　　　]

9、読む　尊 [　　　　　　　　　　]
　　　　　謙 [　　　　　　　　　　]

10、話す　尊 [　　　　　　　　　　]
　　　　　　謙 [　　　　　　　　　　]

解答三、21〜30（解答は全て例です）

21、面会　　　[ご面会]
22、手紙　　　[お手紙]
23、ソース　　[×]
24、しょうゆ　[おしょうゆ]
25、成長　　　[ご成長]
26、信濃川　　[×]
27、菓子　　　[お菓子]
28、体験　　　[ご体験]
29、茶　　　　[お茶]
30、本屋　　　[×]

解答二、31〜40（解答は全て例です）

31、ギター　［　×　　　　］
32、会談　　［　ご会談　　］
33、階段　　［　×　　　　］
34、怪談　　［　×　　　　］
35、祭り　　［　お祭り　　］
36、成功　　［　ご成功　　］
37、箸（はし）［　お箸　　］
38、橋　　　［　×　　　　］
39、実家　　［　ご実家　　］
40、雑煮（ぞうに）［　お雑煮　］

問題三、11〜15

11、聞く　　尊 [　　　　　　　　　]
　　　　　　謙 [　　　　　　　　　]

12、尋ねる　尊 [　　　　　　　　　]
　　　　　　謙 [　　　　　　　　　]

13、見る　　尊 [　　　　　　　　　]
　　　　　　謙 [　　　　　　　　　]

14、死ぬ　　尊 [　　　　　　　　　]
　　　　　　謙 [　　　　　　　　　]

15、する　　尊 [　　　　　　　　　]
　　　　　　謙 [　　　　　　　　　]

問題三、16〜20

16、食べる　尊［　　　　　　］
　　　　　　謙［　　　　　　］

17、勉強する　尊［　　　　　　］
　　　　　　　謙［　　　　　　］

18、着る　尊［　　　　　　］
　　　　　謙［　　　　　　］

19、来る　尊［　　　　　　］
　　　　　謙［　　　　　　］

20、与える　尊［　　　　　　］
　　　　　　謙［　　　　　　］

解答三′ 1〜5（解答は全て例です）

＊以下の解答例に加えて、語尾が「…です」「…ます」「…うございます」となっているものは○。

＊尊敬語で、尊敬の助動詞「…れる」「…られる」を使用しているものは×。

＊謙譲語で、「…させていただく」は×。「…する」の部分が「…致す」「…致します」は○。

1′ 訪ねる　　尊［お訪ねになる・ご訪問なさる・いらっしゃる］
　　　　　　謙［参る・伺う・お伺いする］

2′ いる　　　尊［いらっしゃる］
　　　　　　謙［おる］

3′ 会う　　　尊［お会いになる］
　　　　　　謙［お目にかかる］

4′ 言う　　　尊［おっしゃる・お話しになる］
　　　　　　謙［申す・申し上げる］

5′ 〜れる　　尊［〜くださる］
　　　　　　謙［頂く・賜る］

解答三、6～10（解答は全て例です）

6、やる
尊［賜う・おやりになる・お与えになる］
謙［あげる・さしあげる］

7、行く
尊［いらっしゃる・お見えになる・お越しになる・お出でになる］
謙［参る・伺う・お伺いする］

8、考える
尊［おぼしめす・お考えになる］
謙［存ずる］

9、読む
尊［お読みになる］
謙［拝読する］

10、話す
尊［お話しになる］
謙［申す・申し上げる］

問題四、1〜5

問題四、次の傍線部の言葉を、その使い方に合わせて、尊敬語または謙譲語に直しなさい。

1、神様はうなぎにえさを<u>与えた</u>。
　［　　　　　　　　　　　　　　　　　］

2、先生のお話を<u>聞きたい</u>。
　［　　　　　　　　　　　　　　　　　］

3、佐藤さんはもう<u>食べましたか</u>。
　［　　　　　　　　　　　　　　　　　］

4、一度<u>会いたい</u>と思っています。
　［　　　　　　　　　　　　　　　　　］

5、どうぞ<u>見て下さい</u>。
　［　　　　　　　　　　　　　　　　　］

問題四、6〜10

6、それは私が<u>し</u>ます。

　[　　　　　　　　　　　]

7、校長先生がそう<u>言い</u>ました。

　[　　　　　　　　　　　]

8、私はこちらが良いと<u>考えます</u>。

　[　　　　　　　　　　　]

9、殿様が<u>起きました</u>。

　[　　　　　　　　　　　]

10、ご著書を<u>読みました</u>。

　[　　　　　　　　　　　]

解答三、11〜15（解答は全て例です）

11、聞く　　尊［お聞きになる］
　　　　　　謙［伺う・お伺いする・承る・拝聴する］

12、尋ねる　尊［お尋ねになる］
　　　　　　謙［伺う・お伺いする・お尋ねする］

13、見る　　尊［ご覧になる］
　　　　　　謙［拝見する］

14、死ぬ　　尊［お亡くなりになる・お隠れになる］
　　　　　　謙［×］

15、する　　尊［なさる］
　　　　　　謙［いたす］

解答三′ 16～20（解答は全て例です）

16′ 食べる 　尊［召し上がる・お召し上がりになる］
　　　　　　 謙［頂く］

17′ 勉強する　尊［お勉強なさる］
　　　　　　 謙［勉強致す］

18′ 着る　　　尊［召す・お召しになる］
　　　　　　 謙［×］

19′ 来る　　　尊［いらっしゃる・お見えになる・お越しになる・お出でになる］
　　　　　　 謙［参る・伺う・お伺いする］

20′ 与える　　尊［賜う・おやりになる・お与えになる］
　　　　　　 謙［あげる・さしあげる］

問題四、11〜15

11、ちょっと尋ねますが…。
　　[　　　　　　　　　　　　　　]

12、どちらの商品にしますか。
　　[　　　　　　　　　　　　　　]

13、私が行きます。
　　[　　　　　　　　　　　　　　]

14、先生は天橋立を訪問した。
　　[　　　　　　　　　　　　　　]

15、私は総理大臣賞をもらった。
　　[　　　　　　　　　　　　　　]

問題四、16〜20

16、おばさんが妹の世話をしてくれた。
[　　　　　　　　　　　　　　　]

17、社長が死んだ。
[　　　　　　　　　　　　　　　]

18、鈴木さんはいますか。
[　　　　　　　　　　　　　　　]

19、普段和服は着ますか。
[　　　　　　　　　　　　　　　]

20、おじさんが本をくれた。
[　　　　　　　　　　　　　　　]

解答四' 1〜5（解答は全て例です）

（「…する」は「…いたす」も可。「です」「ます」は問題に合わせる）

1' 神様はうさぎにえさを与えた。
　　［お与えになった・賜った・おやりになった］

2' 先生のお話を聞きたい。
　　［伺いたい・承りたい・拝聴したい　　　　　　　　　］

3' 佐藤さんはもう食べましたか。
　　［召し上がりましたか・
　　　お召し上がりになりましたか　　　　　　　　　　　］

4' 一度会いたいと思っています。
　　［お目にかかりたい　　　　　　　　　　　　　　　　］

5' どうぞ見て下さい。
　　［ご覧下さい　　　　　　　　　　　　　　　　　　　］

解答四′ 6〜10（解答は全て例です）

6′ それは私が<u>します</u>。
　［致します　　　　　　　　　　　　　　　　　　　　　　　　］

7′ 校長先生がそう<u>言いました</u>。
　［おっしゃいました　　　　　　　　　　　　　　　　　　　　　］

8′ 私はこちらが良いと<u>考えます</u>。
　［存じます　　　　　　　　　　　　　　　　　　　　　　　　　］

9′ 殿様が<u>起きました</u>。
　［お目覚めになりました　　　　　　　　　　　　　　　　　　　］

10′ ご著書を<u>読みました</u>。
　［拝読しました（致しました）　　　　　　　　　　　　　　　　］

尊敬の「……れる」「……られる」

■尊敬の助動詞「……れる」「……られる」

尊敬の意を表す言葉に「……れる」「……られる」があります。

例、先生がご飯を食べられた（＝召し上がった）。
　　山田さんが言われた（＝おっしゃった）。

★尊敬の「……れる」「……られる」は、尊敬語でないものに接続します。尊敬の動詞に「……れる」「……られる」をつけるのは、「二重敬語」と言って、間違いです。

例、×先生がご飯を召し上がられた。
　　×山田さんがおっしゃられた。

★一般にこの「……れる」「……られる」を用いた尊敬は、尊敬語としを表しているより軽い表現だとされています。きちんと尊敬の意を表そう。

　　※　文法の説明

接続
　五段活用の動詞の未然形＋れる
　　田中さんは外国に行かれた（いらっしゃった）。
　上一段活用動詞の未然形＋られる
　　先生は毎朝六時に起きられる（お起きになる）。
　下一段活用動詞の未然形＋られる
　　佐藤さんがテニスを始められた（お始めになった）。
　サ行変格活用動詞の未然形「さ」＋れる
　　こちらで休憩されますか（なさいますか）。
　カ行変格活用動詞の未然形「こ」＋られる
　　鈴木さんは明日来られる（お越しになる）予定です。

尊敬の「…れる」「…られる」

※この「れる」「られる」は前記「尊敬」の意味の他に「受け身」「自発」「可能」の計四つの用法があります。どの用法も接続は同じですので、可能（…できる）の意味の

「×食べれる［食べることができる］」
「×見れる［見ることができる］」
「×来れる［来ることができる］」

などは「ら抜き言葉」といって、全て誤りです。正しくは

「〇食べられる（下一段＋られる）［食べることができる］」
「〇見られる（上一段＋られる）［見ることができる］」
「〇来られる（カ変＋られる）［来ることができる］」

その他よく誤って使われている「ら抜き言葉」

「×着れる」 → 「〇着られる」
「×考えれる」 → 「〇考えられる」
「×開けれる」 → 「〇開けられる」
「×与えれる」 → 「〇与えられる」
「×温めれる」 → 「〇温められる」
「×浴びれる」 → 「〇浴びられる」
「×入（い）れれる」 → 「〇入れられる」
「×覚えれる」 → 「〇覚えられる」
「×起きれる」 → 「〇起きられる」
「×片付けれる」 → 「〇片付けられる」
「×極めれる」 → 「〇極められる」
「×閉めれる」 → 「〇閉められる」
「×続けれる」 → 「〇続けられる」
「×出れる」 → 「〇出られる」
「×届けれる」 → 「〇届けられる」
「×投げれる」 → 「〇投げられる」
「×寝れる」 → 「〇寝られる」
「×始めれる」 → 「〇始められる」
「×忘れれる」 → 「〇忘れられる」

問題五、1〜10

問題五、次の言葉を、尊敬の助動詞「れる」または「られる」を使って、尊敬の意味を表すように書きかえなさい。

1、笑う　　　　　　　　　[　　　　　　　　　　　]

2、勉強していません　　　[　　　　　　　　　　　]

3、寝ません　　　　　　　[　　　　　　　　　　　]

4、作らなかった　　　　　[　　　　　　　　　　　]

5、立っていました　　　　[　　　　　　　　　　　]

6、座ります　　　　　　　[　　　　　　　　　　　]

7、思いましたか　　　　　[　　　　　　　　　　　]

8、喜んでいましたか　　　[　　　　　　　　　　　]

9、見ない　　　　　　　　[　　　　　　　　　　　]

10、読みませんでした　　 [　　　　　　　　　　　]

問題五、11〜20

11、話していませんでした　［　　　　　　　］

12、走りますか　［　　　　　　　］

13、乗っていますか　［　　　　　　　］

14、食べるか　［　　　　　　　］

15、書いています　［　　　　　　　］

16、着きました　［　　　　　　　］

17、行ったか　［　　　　　　　］

18、怒った　［　　　　　　　］

19、旅行したことがある　［　　　　　　　］

20、来ませんでした　［　　　　　　　］

（解答は11ページ）

解答四、11〜15 (解答は全て例です)

11、ちょっと尋ねますが…。
 [お尋ねしますが   ]

12、お客様、どちらの商品にしますか。
 [なさいますか   ]

13、私が行きます。
 [伺います・お伺いします・参ります   ]

14、先生は天橋立を訪問した。
 [ご訪問になった・ご訪問なさった・
  お訪ねになった   ]

15、私は総理大臣賞をもらった。
 [頂いた・賜った   ]

解答四、16〜20（解答は全て例です）

16、おばさんが妹の世話を<u>してくれた</u>。
　[してくださった　　　　　　　　　　　　　　　]

17、社長が<u>死んだ</u>。
　[お亡くなりになった・お隠れになった　　　　　]

18、鈴木さんは<u>いますか</u>。
　[いらっしゃいますか　　　　　　　　　　　　　]

19、普段和服は<u>着ますか</u>。
　[お召しになりますか　　　　　　　　　　　　　]

20、おじさんが本を<u>くれた</u>。
　[くださった　　　　　　　　　　　　　　　　　]

M.access 学ぶの理念

☆学びたいという気持ちが大切です
勉強を強制されていると感じているのではなく、心から学びたいと思っていることが、子どもを伸ばします。

☆意味を理解し納得する事が学びです
たとえば、公式を丸暗記して当てはめて解くのは正しい姿勢ではありません。意味を理解し納得するまで考えることが本当の学習です。

☆学びには生きた経験が必要です
家の手伝い、スポーツ、友人関係、近所付き合いや学校生活をしっかりできて「学び」の姿勢は育ちます。
生きた経験を伴いながら、学びたいという心を持ち、意味を理解、納得する学習をすれば、負担を感じるほどの多くの問題をこなさずとも、子どもたちはそれぞれの目標を達成することができます。

発刊のことば

「生きてゆく」ということは、道のない道を歩いて行くようなものです。「答」のない問題を解くようなものです。今まで人はみんなそれぞれ道のない道を歩き、「答」のない問題を解いてきました。

子どもたちの未来にも、定まった「答」はありません。もちろん「解き方」や「公式」もありません。

私たちの後を継いで世界の明日を支えてゆく彼らにもっとも必要な、そして今、社会でもっとも求められている力は、この「解き方」も「公式」も「答」すらもない問題を解いてゆく力ではないでしょうか。

人間のはるかに及ばない素晴らしい速さで計算を行うコンピューターでさえ、「解き方」のない問題を解く力はありません。特にこれからの人間に求められているのは、「解き方」も「公式」も「答」もない問題を解いてゆく力であると、私たちは確信しています。

M.accessの教材が、これからの社会を支え、新しい世界を創造してゆく子どもたちの成長に、少しでも役立つことを願ってやみません。

国語読解の特訓シリーズ 二十四
敬語の特訓 新装版 （内容は旧版と同じものです）

新装版 第一刷
編集者 M.access（エム・アクセス）
発行所 株式会社 認知工学
〒六〇四-八一五五 京都市中京区錦小路烏丸西入占出山町三〇八
電話 （〇七五）二五六-七七三一　email：ninchi@sch.jp
郵便振替 〇一〇八〇-九-一九三六二 株式会社認知工学

ISBN978-4-86712-224-2　C-6381　N24080125B　M

定価＝ 本体六〇〇円 ＋税

ISBN978-4-86712-224-2 C6381 ¥600E

9784867122242

1926381006006

定価：本体６００円＋消費税

 認知工学

[　　　　　]を曲げた。
私が曲げた。

[　　　　　]をおしえた。
先生が教えた。

表紙の解答例

サイパー 国語 読解の特訓シリーズ

シリーズ二十四

敬語の特訓 新装版

正しい言葉の使い方
教養としての敬語

丁寧語・尊敬語・謙譲語
助動詞～れる・～られる

新装版

問題、傍線部を敬語に直しなさい。

先生が言った。

[　　　　　　　　　　　]

私が言った。

[　　　　　　　　　　　]